Contraste insuffisant
NF Z 43-120-14

Illisibilité partielle

Valable pour tout ou partie
du document reproduit

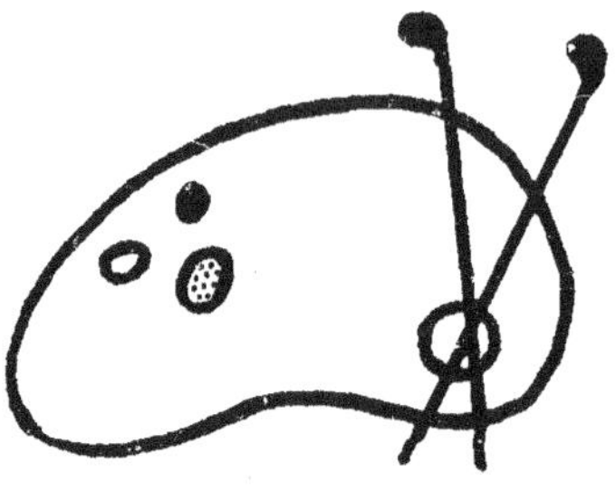

Couvertures supérieure et inférieure
en couleur

*à Monsieur Eugène Babel
hommage de respectueux dévouement
L. A.*

GIORDANO BRUNO

A PARIS

D'APRÈS LE TÉMOIGNAGE D'UN CONTEMPORAIN

(1585-1586)

PAR

LUCIEN AUVRAY

SOUS-BIBLIOTHÉCAIRE A LA BIBLIOTHÈQUE NATIONALE.

PARIS

1901

Les tirages à part de la *Société de l'Histoire de Paris et de l'Ile-de-France* ne peuvent être mis en vente.

GIORDANO BRUNO

A PARIS

D'APRÈS LE TÉMOIGNAGE D'UN CONTEMPORAIN

(1585-1586)

PAR

LUCIEN AUVRAY

SOUS-BIBLIOTHÉCAIRE A LA BIBLIOTHÈQUE NATIONALE.

PARIS

1901

8° Z
96549679

GIORDANO BRUNO

A PARIS

D'APRÈS LE TÉMOIGNAGE D'UN CONTEMPORAIN.

(1585-1586.)

Giordano Bruno, au cours de sa vie aventureuse, a fait à Paris deux longs séjours : le premier de vingt mois environ, de la fin de 1581 au milieu de l'été 1583 ; le second de sept à huit mois, du commencement de décembre 1585, au plus tard, à juin ou juillet 1586[1]. Le premier de ces deux séjours, qui pourtant n'a pas été marqué pour Bruno par de graves incidents, est mieux connu que le second, qui devait finir par la mémorable séance du Collège de Cambrai. En 1592, à Venise, Bruno devait donner à ses juges quelques détails sur son enseignement à Paris, de 1581 à 1583[2] ; c'est à cette époque qu'il fut présenté à Henri III et qu'il

---

1. Sur les deux séjours de Giordano Bruno à Paris, voir surtout Berti (Domenico), *Giordano Bruno da Nola, sua vita e sua dottrina*, nuova ediz. (Turin, 1889), p. 117-139 et 202-213, et Frith (I.), *Life of Giordano Bruno the Nolan*, revised by prof. Moriz Carrière (Londres, 1887), p. 68-103 et 136-143. — Cf. Crevier, *Histoire de l'Université de Paris*, t. VI, p. 384-386. — Outre les ouvrages de Berti et de Frith, on trouvera plus loin cités en abrégé : *Jordani Bruni Nolani opera latine conscripta*, publicis sumptibus edita, recensebat F. Fiorentino [et curantibus F. Tocco et H. Vitelli], Naples [puis Florence], 1879-1891, in-8°, 3 vol. en 8 parties ; — Felice Tocco, *Le Opere latine di Giordano Bruno esposte et confrontate con le italiane*, Firenze, 1889, gr. in-8°. — Quant aux œuvres italiennes de G. B., elles ont été récemment publiées par Paul de Lagarde, *Le Opere italiane di Giordano Bruno, ristampate da Paolo de Lagarde*, Gœttingue, 1888, 2 vol. gr. in-8°.

2. Berti, p. 394. — Pour l'enseignement de Giordano Bruno à Paris [pendant son premier séjour], Berti (p. 2, note 2 ; cf. p. 122-123) renvoie au livre de son disciple Nostitz : *Artificium Aristotelico-Lullio-Rameum...*, *ductu Jo. a Nostitz, Jordani Bruni genuini discipuli, elaboratum a Conrado*

lui dédia son livre *de Umbris idearum;* c'est de cette époque,
relativement paisible et féconde, que datent quatre de ses ouvrages.
Sur le second séjour, au contraire, les renseignements font
presque complètement défaut : quatre ou cinq lignes dans le procès de 1592[1]; et pas même une mention dans la lettre, d'ailleurs
si précieuse, que Gaspard Schopp ou Scioppius adressait à Con-
rad Rittershuys[2], peu après le supplice de l'ex-dominicain.

Avant que M. Domenico Berti eût exhumé des archives de
Venise les pièces du procès de 1592, cette lettre de Scioppius
constituait le document biographique le plus important que l'on
possédât sur Giordano Bruno. Les témoignages contemporains
sur cet homme pourtant si célèbre de son vivant sont, en effet,
extrêmement rares[3] : on n'en attachera que plus de prix à celui
d'un obscur religieux de Saint-Victor, qui le connut à Paris pendant l'hiver de 1585-1586, et qui, dans les papiers qu'il a laissés,
revient à maintes reprises sur Bruno et sur les entretiens qu'il a
eus avec lui[4].

Ces papiers comprennent des extraits, des notes sur divers
sujets et un fragment de Journal pour les années 1585 et 1586,
qui ne paraît pas avoir jamais été utilisé[5] : le tout d'une écriture
rapide, peu lisible, des moins engageantes. Nulle part l'auteur
ne se nomme; mais l'attribution, pour des raisons que j'espère
avoir l'occasion de développer ultérieurement, ne saurait faire le
moindre doute. Les notes sur Giordano Bruno, publiées ci-après,
sont de Guillaume Cotin, personnage bien oublié depuis longtemps, mais qui avait laissé dans son abbaye de Saint-Victor le

---

Bergio. Bregae, typis Sigfridianis, 1615, in-8°. — Ce livre est aujourd'hui
à peu près introuvable.

1. Dans le procès, reproduit par Berti, p. 395 : « Tornando, dit Bruno,
il detto ambasciatore [Michel de Castelnau de Mauvissière] in Francia alla
Corte, l'accompagnai à Parigi, dove stetti un altro anno [huit ou neuf mois
en réalité], trattenendomi con quelli signori che io conoscevo, a spese però
mie la maggior parte del tempo, et partito da Parigi per causa di tumulti,
me ne andai in Germania. » Et c'est tout.

2. Cette lettre a été reproduite par Berti, p. 461-467, et par Frith,
p. 389-395.

3. Sur la rareté des témoignages contemporains sur Giordano Bruno,
voir Berti, p. 2-3.

4. Bibl. nat., ms. fr. 20309, fol. 354 v° et suiv.

5. Les papiers de Guillaume Cotin occupent les feuillets 232-373 du
manuscrit; le Journal, qui paraît incomplet du début, commence au feuil-
let 325. Je me propose d'y revenir avec plus de détails.

souvenir d'un homme très érudit, doué d'une rare mémoire; très modeste en même temps, il n'avait, nous apprend l'annaliste de Saint-Victor Jean de Thoulouze, jamais rien voulu publier[1]. Né à Orléans, à une date qu'il n'a pas été possible de fixer, il était entré à Saint-Victor en 1564; sous-chantre, puis chantre et bibliothécaire, il était en relation avec nombre de savants; esprit très ouvert et des plus curieux, il interrogeait volontiers ses visiteurs de passage, comme aussi les religieux victorins revenus de lointaines missions, sur les pays qu'ils avaient parcourus, sur les nouvelles qu'ils avaient recueillies en route, sur les on dit de la République des lettres; et il consignait, dans ses cahiers, ce qui, de ces diverses conversations, lui paraissait le plus digne d'être noté. Parti, pendant l'été de 1586, pour les eaux de Pougues, dont il espérait le rétablissement de sa santé épuisée, il mourut à Puiseaux, le 29 juin[2].

La première fois que le nom de Brunus ou Bruno paraît dans les notes de Cotin, c'est à la date du 6 décembre 1585, très peu de temps probablement après l'arrivée de Giordano à Paris. Il ne paraît pas que le philosophe de Nole ait fréquenté à Saint-Victor pendant son premier séjour en France; mais son nom était certainement connu à l'abbaye. En 1585, Bruno avait trente-sept ans; il était célèbre[3] en Italie, à Genève, en France, en Angleterre, d'où

---

1. C'est à Jean de Thoulouze que nous devons à peu près tous les renseignements que nous possédons sur Guillaume Cotin. Voir notamment la notice qu'il lui consacre dans ses *Antiquités de S.-Victor*, ms. lat. 14677, fol. 115 v°, et dans son *Recueil historique*, ms. lat. 14686, fol. 40. — Que Jean de Thoulouze ait connu l'existence du Journal de Cotin, cela n'est pas douteux : « Multa collegit, dit-il, ex variis colloquiis vel libris non vulgatis..., quae nos asservamus. » Mais il ne semble pas qu'il en ait rien tiré pour ses propres travaux.

2. C'est-à-dire à peu près à l'époque où Giordano Bruno quittait définitivement Paris.

3. Nous avons un témoignage très curieux de la célébrité de Bruno dès cette époque dans le Journal d'Arnold van Buchel, qui, voyageant alors en France, cite Giordano Bruno parmi les personnages considérables dont il a entendu parler ou qu'il a vus à Paris (décembre 1585). Voici ce qu'il dit de Bruno (fol. 189 r° du ms. de l'Université d'Utrecht) : « Philosophiae subtilior quam saluti suae conveniat professor est Jordanus Bruno Nolanus italus, qui falso cognomen assumpsit Philothei. Composuit libellum *de Arte reminiscendi* et italicâ edidit linguâ conscripta : *Gli furori heroici, Il candelaio, comœdia.* » Cf. la traduction partielle qu'a donnée de ce précieux Journal M. A. Vidier, *Mémoires de la Société de l'Histoire de Paris et de l'Ile-de-France*, t. XXVI, 1899, p. 146.

il venait, et sans doute aussi en Allemagne, où il devait se rendre l'année suivante. Cotin ne devait pas se faire faute d'interroger ce visiteur de marque, qu'avait dû précéder une grande renommée.

Le lendemain, 7 décembre, nouvelle visite, nouvel entretien. Ce qui attirait ainsi Bruno à Saint-Victor, c'était vraisemblablement la bibliothèque si riche de l'abbaye; de là, tout naturellement, ses relations avec le bibliothécaire. Relations plutôt cordiales, semble-t-il, au début tout au moins; car cinq jours après, le 12 décembre, Bruno revient de nouveau, et, cette fois, il apporte à son interlocuteur « ses livres de l'Art mémorative, » qui, depuis de longues années, tenaient une si grande place dans ses préoccupations. Entre cette date du 12 et la fin de décembre, deux autres causeries, le 21 et le 27, mais notées plus brièvement. Puis, les visites semblent se faire plus rares; pendant tout le mois de janvier 1586, il n'est plus question du philosophe italien; le dernier entretien mentionné, très brièvement encore, par Cotin, est du 2 février[1].

Pendant ces deux mois de relations, le bibliothécaire de Saint-Victor a pu beaucoup apprendre d'un homme qui avait beaucoup vu, beaucoup lu et déjà passablement écrit. Les conversations portent sur les sujets les plus divers. Sur Bruno lui-même, tout d'abord; sur son pays d'origine, sur sa famille, sur ses voyages, sur les raisons et les circonstances de son départ de Naples, puis d'Italie; surtout sur ses ouvrages, sur ceux qu'il a déjà publiés et sur ceux qu'il médite; puis sur tels ou tels auteurs, que Bruno prise particulièrement, ou, et c'est le plus grand nombre, qu'il dédaigne; sur les querelles religieuses, sur les Jésuites, sur les Protestants, sur le pape. Cotin s'intéressait fort à la prédication, et ne manquait guère une occasion de s'informer des orateurs en renom, tant à l'étranger qu'en France, de Panigarola notamment, de Fiamma, de Toledo, d'un autre encore, plus oublié aujourd'hui, qu'il appelle « l'Hébreu[2]; » l'un de ses entretiens avec

---

1. Peut-être du 4; voir plus loin, à la date du 2 février.

2. Voici, à ce sujet, quelques extraits du Journal, qu'il ne sera pas sans intérêt de comparer avec le passage correspondant (du 12 décembre 1585) reproduit plus loin. — 6 avril 1585. « Charles Paschal, italien..., estudiant à Louvain, pour ouïr le bruit de Panicarola, qui preschoit en italien à Anvers le quaresme, y est allé, l'a estimé le plus éloquent du monde, et pour ce y est demeuré tout le quaresme à l'ouïr... » — 20 mars 1586. « Pierrevive dit Panigarole estre vivant; l'Hébrieu estre plus sçavant que luy, et tout

Bruno ramènera presque nécessairement ces noms dans son Journal. Il avait entendu parler d'une certaine ville merveilleuse, que
le grand-duc François de Médicis devait construire en Toscane,
et où l'on ne parlerait que latin : Bruno devait bien en savoir
quelque chose; il l'interrogera donc sur cette fameuse cité.

A partir du 2 février, les relations entre Bruno et Cotin
paraissent avoir complètement cessé. Il y avait entre eux de trop
grandes divergences d'opinions pour que la curiosité bienveil-
lante du début, une fois satisfaite, ne fît pas bientôt place, sinon
à de l'antipathie, du moins à une certaine froideur; mais le pieux
religieux de Saint-Victor n'en avait pas moins été fort intéressé
par le célèbre hérétique, et il s'informera volontiers de lui auprès
d'autres visiteurs, auprès d'un certain Jean Vincent, par exemple,
et les détails qu'il recueillera de la sorte sur le séjour de Bruno à
Genève, concordent en général avec ceux que fournissent les documents révélés par M. Th. Dufour.

La dernière mention de Bruno que nous rencontrions dans le
Journal de Cotin est celle qui porte la date des 28 et 29 mai. C'est
peut-être de toutes la plus intéressante, car elle se rapporte préci-
sément à cette joute philosophique qui semble avoir été l'événement capital de ce second séjour de Bruno à Paris, et qui, sans
doute, plus que les troubles du royaume, détermina son départ
pour l'Allemagne. De cette séance si curieuse du Collège de Cambrai, on ne savait guère qu'une chose, c'est que l'orateur qui, au
nom de Bruno, avait argumenté contre Aristote, s'appelait Jean
Hennequin. Ce que l'on ignorait, c'est que Bruno et son disciple
avaient trouvé un adversaire des plus redoutables, encore que
fort inattendu, en la personne d'un jeune avocat, appelé par Cotin
« Rodolphus Calerius, » et qui n'est autre que le poète Raoul
Callier, neveu ou, selon d'autres, beau-frère de Nicolas Rapin [1];

ce qu'il dit estre cousu de sentences; Toletus prescher toutes les festes
devant le pape... » Le 12 mars précédent, Cotin avait « ouy dire que Panigarola estoit mort naguères et depuis le commencement de cest an, aagé
de 50 ans. » — 12 avril 1586. « L'an passé estoient à Rome 4 prédicateurs,
qui eurent ces tiltres : Toletus docet, Panicarola delectat, Marcellinus
instruit (quoad mores), Lupus inflammat. » — De même, sur Fiamma, à
la même date du 12 avril : « Brulart, capucin..., dit que Fiamma est mort
l'an 1585, à Chiosa [Chioggia], isle de Venise, y estant évesque. »

1. Je relève, dans la notice que La Croix Du Maine a consacrée à Raoul
Callier ou Caillier (édition de 1772, t. II, p. 345), les détails suivants :
« Poictevin, avocat au Parlement de Paris, jeune homme fort docte et bien

que ce duel oratoire avait tourné à la pleine confusion de Bruno ;
que même il avait dû renoncer à la lutte ; qu'il n'avait échappé
qu'avec peine aux étudiants, qui s'efforçaient de le retenir et de
l'obliger à répliquer ; bref, qu'il avait eu en face de son victorieux
contradicteur une attitude assez piteuse.

Les détails, très circonstanciés et très piquants, qu'il donne sur
cet important épisode de la vie de Bruno, Cotin ne dit pas de qui
il les tient. Comme il y revient encore, entre le 1er et le 4 juin,
pour compléter son récit des 28 et 29 mai, il est peu probable
qu'il ait été témoin oculaire ; mais il avait plusieurs raisons pour
être bien informé. Nous savons, en effet, par Jean de Thoulouze,
l'historien de Saint-Victor, que Cotin était intimement lié avec
Jean Filesac, alors recteur de l'Université de Paris, et avait avec
lui de fréquents entretiens ; or, Filesac, à qui Bruno, avant la
séance du Collège de Cambrai, avait écrit une lettre bien con-
nue[1], était peut-être mieux que personne à même d'être exacte-
ment renseigné. Ces détails, Cotin pouvait encore les tenir de
professeurs ou lecteurs royaux de sa connaissance ; de Léger
Duchesne, par exemple, qui, après la mort du savant religieux,
devait célébrer en vers ses vertus ; ou du gendre de Duchesne,
Fédéric Morel, qui fut lecteur royal à partir de 1586. Quoi qu'il en
soit, la nuance de satisfaction avec laquelle Cotin enregistre
l'échec de son ancien visiteur, ne doit pas faire suspecter sa bonne
foi ; tout le Journal est écrit avec la plus parfaite sincérité et par-
tout on y trouve un réel souci de l'exactitude[2].

Après le témoignage de Bruno lui-même, dans son procès de
1592, et avec celui de Scioppius, dans la lettre déjà citée à Con-
rad Rittershuys, celui de Guillaume Cotin, malgré certaines dif-
ficultés chronologiques, qui s'accordent mal avec ce que l'on savait

---

versé en la poësie grecque, latine et françoise. Il a écrit quelques vers
françois sur la pulce de madame Dés Roches... Il a traduit quelques beaux
et fort doctes traités de feu Julien David Du Perron (père de Jaques David
Du Perron, à présent vivant)... Il florit à Paris cette année 1584. » Pas de
doute, par conséquent, sur l'identité du personnage dont parle Guillaume
Cotin. — Voir aussi Goujet, *Bibliothèque française*, t. XIV (1752), p. 133-
135, et Lelong, *Bibliothèque historique de la France*, t. III (1771), n° 31775.

1. Cette lettre a été reproduite par Du Boulay, *Historia Universitatis
Parisiensis*, t. VI, p. 786-787.

2. Le souci de l'exactitude est incontestable chez Cotin. Quand il n'est
pas sûr d'un mot, il l'exponctue ; on aura deux exemples de ces exponctua-
tions dans les extraits publiés ci-après.

ou croyait savoir, est peut-être le plus précieux que nous ayons sur
Giordano Bruno. Sur certains points de sa biographie, sur certains traits de son caractère, il apporte des détails tout à fait nou-
veaux. Ce témoignage, il faut bien le dire, n'est guère à l'avan-
tage du philosophe. Le Bruno qui nous apparaît, à travers ces
entretiens, est vaniteux, fanfaron, dédaigneux ; il méprise, il
« contemne » beaucoup de gens, qui, cependant, n'étaient point
méprisables : Cajetan, Pic de La Mirandole, Cujas, Passerat,
Panigarola et bien d'autres. Ce n'est point là la marque d'un
esprit vraiment supérieur.

[*1585.*] *6° décembre.* Ay veu Jordanus Brunus, lequel n'a guères
a esté en Angleterre avec l'ambassadeur du Roy[1], et a leu à Oxou-
ford[2] ; est près de faire imprimer *Arbor Philosophorum*[3] ; a fait
imprimer en italien et latin plusieurs livres, comme l'*Exposition sur
Ars Lulli*[4], *de 30 sigillis*[5], etc.; ha son père vivant à Nole[6]; demeure
près du Collège de Cambray[7]. — Il louoit[8] Lucrèce de l'édition d'Obertus [.....][9], ad Johannem Sambucum, domesticum aulae Caesaris.

---

1. Michel de Castelnau, sieur de Mauvissière.

2. En 1583 (Frith, p. 118-126; Berti, p. 171-178). — Sur le séjour de
Giordano Bruno en Angleterre, voir A. Valgimigli, *Giordano Bruno in
Inghilterra*, dans *La Vita italiana*, I, 19.

3. Cet ouvrage ne figure pas, du moins sous ce titre, dans les listes des
œuvres publiées ou inédites, conservées ou perdues, de Bruno, dressées
par Frith (p. 310-377) et par Berti (p. 475-484). — Tout au plus pourrait-on
supposer qu'il s'agit ici d'un premier projet de la *Summa terminorum meta-
physicorum*, parue beaucoup plus tard, en 1609, après la mort de l'auteur
(*Opera latine conscripta*, vol. I, pars IV, p. 4-127; cf. Tocco, p. 125-136).

4. Philoteus Jordanus Brunus Nolanus, *De compendiosa architectura et
complemento artis Lullii*, Paris, 1582 (*Opera latine conscripta*, vol. II,
pars II, p. 1-65; cf. Tocco, p. 4-8).

5. Philotei Jordani Bruni Nolani *Explicatio triginta sigillorum...*, s. l.
n. d. [Londres, 1583] (*Opera latine conscripta*, vol. II, pars II, p. 73-160;
cf. Tocco, p. 63-71).

6. Son père, qui avait été soldat, s'appelait Giovanni Bruno (Frith, p. 8;
Berti, p. 25). On savait, par le procès même de Bruno (Berti, p. 391), que
son père n'existait plus en 1592, mais on ignorait qu'il fût encore vivant à
l'époque du second séjour de Bruno à Paris (Berti, p. 137).

7. Et dans le voisinage aussi de Gilles Gorbin, qui avait publié, en 1582,
lors de son premier séjour, ses traités *de Compendiosa architectura* et *de
Umbris idearum;* peut-être logeait-il chez Gilles Gorbin lui-même.

8. Cette dernière mention a été ajoutée après coup; dans le blanc qui
suit le mot *Obertus*, il faut restituer *Giphanius*.

9. Le *Lucrèce* d'Hubert van Giffen (Obertus Giphanius) avait paru à

7° décembre. Jordanus est venu de rechef. M'a dit que la cathédrale de Nole est de S. Félix. Il fut né [en] 1548 [1]; ha 37 ans; est fuitif d'Italie jà par huict ans [2], tant pour un meurtre commis par un sien frère [3], dont il est odieux et en péril de sa vie, que pour éviter les calumnies des inquisiteurs, qui sont ignorans, et, ne concevans sa philosophie, le diroyent hérétique. Il dit qu'il sçait et en une heure monstrera la mémoire artificielle, semblable à celle qui est au premier livre *ad Herennium* [4], non entendue par ceux qui le lisent, ny par Muret, qui admire en gentilhome Corsegois [5]. Mais Jordanus en fera autant faire à un enfant. — Il dit le principal maystre qu'il ait eu en philosophie estre [.....] [6], augustin, qui est trespassé. Il est docteur en théologie passé à Rome; en ses positions, qu'il mit pour passer docteur, l'une estoit : *Verum est quicquid dicit D. Thomas in Summa contra Gentiles;* l'autre : *Verum est quicquid dicit Magister sententiarum* [7]. — Il prise souverainement saint Thomas in *Summa contra Gentiles* et in *Questionibus disputatis,* aut earum saltem parte [8]; contemne les subtilitez des scholastiques, des Sacre-

---

Anvers, chez Plantin, en 1566. — Sambucus, l'historien hongrois Sámboky.

1. Cette date est celle qui est généralement acceptée par les récents biographes de Bruno.

2. Il avait quitté Rome à la fin de 1576; il était à Genève en mai 1579, au plus tard; les dates de son séjour à Noli, Venise et Padoue ne peuvent être indiquées qu'approximativement, et, sur la chronologie de cette période intermédiaire entre le départ de Rome et l'arrivée à Genève, Frith et Berti ne sont pas toujours d'accord. Si, comme le suppose Berti, Bruno n'avait quitté l'Italie qu'à la fin de 1578, il faudrait, en 1585, compter depuis cette époque sept ans et non huit.

3. Je ne vois pas que les biographes de Bruno aient rapporté ce fait; cette première raison de la fuite de Bruno n'avait vraisemblablement pas la valeur de la seconde.

4. Non dans le *premier* livre, où on lit seulement (cap. II, § 3) : « Memoria est firma animi rerum et verborum perceptio, » mais dans le *troisième* (cap. XVI-XXIV), à partir des mots : « Nunc ad thesaurum inventorum atque omnium partium rhetoricae custodem, memoriam, transeamus. »

5. Comme un gentilhomme corse.

6. Il y a, à cet endroit, un blanc dans le manuscrit; il faut suppléer « Teofilo da Vairano, » qui, après avoir enseigné plusieurs années, à Naples, les doctrines aristotéliciennes, fut nommé recteur du couvent de Florence, et ensuite, appelé à Rome, lut la métaphysique avec grand succès (Berti, p. 33-34 et 391; cf. Frith, p. 10). — Teofilo da Vairano était mort depuis la fin d'avril 1578; cf. son article dans Elssius (Ph.), *Encomiasticon augustinianum* (1654), p. 650.

7. Pierre Lombard.

8. Cinq ans et demi plus tard, dans son interrogatoire de Venise, Bruno proclamera encore la profonde estime dans laquelle il tenait saint Thomas (Berti, Preuves, p. 408-409).

ments et mesmement de l'Eucharistie, lesquelles il dit saint Pierre et saint Paul avoir ignorées, mais seulement sçeu que *hoc est corpus meum*. Il dit que facilement les troubles en la religion seront ostées, quand on ostera ces questions, et dit espérer que bien tost en sera la fin. Mais souverainement il déteste les hérétiques de France et d'Angleterre, en ce qu'il[s] mesprisent les bonnes œuvres et preschent la certitude de leur foy et justification ; car toute la chrestienté tend à bien vivre. Il mesprise Cajétain[1] et Picus Mirandulanus, et toute la philosophie des Jésuites, qui n'est que de questions hors du texte et intelligence d'Aristote. Il m'a dit beaucoup de choses de la géographie et de la froidure de Tartarie et Escosse, et de la température d'Irlande, etc.

12 *décembre, jeudy*. Jordanus m'a apporté ses livres de l'Art mémorative[2] ; contemne tous docteurs, et notamment Cujas et Passerat ; loue aucunement, pour l'éloquence et prononciation, Bossulus[3] ; dit que les lecteurs en Italie des lettres humaines sont quasi nuls et de nul acquest ; mais ils gaignent à privément enseigner les enfans des seigneurs, comme Muret avoit du cardinal Columna 3,000 escus de gages pour enseigner son nepveu[4] ; et qui auroit 5,000 escus vaillant ou de revenu, en employeroit volontiers 2 ou 3 mille pour faire enseigner ses enfans. — Il prise entre les prédicateurs le seul Hébreu pour son éloquence et plus pour son sçavoir ; dit Panicarole[5] n'avoir doctrine et estre futile, Flamma[6] avoir décliné en sa vieillesse et se repentir d'avoir presché les trois années dernières, pour ce qu'il amoindrissoit sa renommée ès lieux où il avoit jà presché en grand' estime. — Il mesprise fort Toletus[7] et les Jésuites preschans en Italie, car ils profondent en leur exorde, disans estre contenus en leurs textes grands mystères, avec gravité excessive, mais enfin ils ne

---

1. Thomas de Vio, de Gaëte (Cajetanus).

2. En 1585, Giordano Bruno avait déjà fait paraître, dans cet ordre d'études, son *de Umbris idearum* et son *Cantus Circaeus*, parus à Paris en 1582, et son traité intitulé *Triginta sigillorum explicatio*, paru en 1583, traité suivi du *Sigillus sigillorum*.

3. Matthaeus Bossulus, Italien selon les uns, Français selon les autres.

4. Il s'agit ici de Marco-Antonio Colonna, cardinal en 1565, et de son neveu Martio, fils de Pompeo Colonna. — Muret, qui avait passé en Italie en 1554 et avait commencé à enseigner à Rome en 1563, était mort depuis le 4 juin 1585. Sur sa fortune, voir Ch. Dejob, *Marc-Antoine Muret* (1881), p. 335.

5. Francesco Panigarola, célèbre prédicateur, né à Milan, 1548-1594.

6. Gabriello Fiamma, plus connu comme poète, 1533-1585.

7. Francisco de Toledo, 1532-1596, qui fut le prédicateur ordinaire de Pie V et de plusieurs de ses successeurs.

disent rien. — Il ne trouve doctrine en Lupus. Il dit Tarcagnota[1],
cajétain, historien italien, estre très éloquent et admirable en ses
Discours des conseils, en harangues et épistres. Il a escrit l'Histoire
universelle.

13 décembre, vendredy. Deux Italiens sont venus, de la part de
Benditius, abbé referendaire du pape, demander les prophéties de
Joachim, abbé, touchans les papes[2]; disent que le pape a fait un seul
cardinal, sien nepveu, aagé de 14 ans[3], et ce non de son gré, mais
estant prié et induit par le cardinal de Joyeuse[4]. — Il a fait rude
exécution en banissemens et morts de plusieurs gentilshomes, mais
par contraincte, car desjà les voleurs, dès le temps de Grégoire XIII,
l'assiégeoyent à Rome et tenoyent tous les chemins, entre Rome et
Naples, en péril et danger. — De ceste rudesse du pape m'avoit
parlé hier Jordanus, avec blasme d'iceluy.

21 décembre. Jordanus m'a dit qu'il fut appellé de Naples à Rome
par le pape Pius V[5] et le cardinal Rebiba[6], amené en une coche,
pour monstrer sa Mémoire artificielle, récita en hébreu à tout endroit

---

1. Le texte porte *Caragnota,* mais avec une exponctuation qui indique de
la part de Guillaume Cotin un doute sur la forme de ce nom. Giovanni
Tarcagnota, de Gaëte, mort en 1566, est connu surtout par son ouvrage
Dell' istorie del mondo, dont la première édition est de 1562.

2. Il s'agit des Prophéties de Joachim de Flore, dont l'abbaye de Saint-
Victor possédait un exemplaire manuscrit (aujourd'hui Bibl. nat., lat. 14726)
et très probablement aussi des éditions imprimées; les *Vaticinia circa
apostolicos viros,* ouvrage vraisemblablement visé ici, avaient paru en 1527.
— Le 21 février suivant, on viendra encore à l'abbaye consulter les « Révé-
lations » de Joachim, cette fois de la part du cardinal de Médicis.

3. La première promotion cardihalice sous Sixte-Quint (1585) ne com-
prend en effet que son petit-neveu Alessandro Peretti.

4. Le mot *Joyeuse,* comme plus haut le mot *Caragnota,* est exponctué
dans le texte, et pour la même raison; mais s'il y a eu doute de la part de
l'auteur, je ne saurais affirmer qu'il y ait erreur.

5. Il y a ici une assez sérieuse difficulté. D'une part, si c'est bien Pie V
qui a fait venir Giordano à Rome, cet événement ne peut se placer plus
tard que dans les premiers mois de 1572, Pie V étant mort le 1ᵉʳ mai de
cette année; d'autre part, d'après le témoignage de Giordano lui-même
dans son procès de Venise (Berti, p. 392, et surtout p. 420), il semble bien
qu'il n'aurait quitté Naples pour Rome qu'en 1576. Peut-être Cotin a-t-il
écrit par mégarde Pie V au lieu de Grégoire XIII; peut-être faut-il admettre,
avant 1576, et en 1572 au plus tard, un premier voyage à Rome dont il ne
sera plus question dans le procès, et dont les circonstances seraient assez
différentes.

6. Scipione Rebiba, cardinal en 1555, mort en 1577.

le psolme *Fundamenta* [1], et enseigna quelque peu de ceste art audit Rebiba.

27 décembre, vendredy. Item, M° Jordanus m'a dit qu'il a esté desrobé ou laissé desrober par son serviteur qu'il avoit. Il ne peut avoir l'impression de ses livres à commandement. Il médite trois œuvres : 1° *Arbor philosophorum* [2], 2° la philosophie entière d'Aristote rédigée à peu de figures, et laquelle il enseignera en demy an [3], 3° la Déclaration plus ample que paravant de l'art de Lullius, et l'usage d'icelle [4], que ne sçavoit le mesme autheur.

1586. 2 février. Jordanus m'a dit que Fabricius Mordentius Salernitanus est à Paris, aagé de 60 ans, dieu des géométriens, et surpassant en cela tous ceux de devant luy et de maintenant, ne sçachant latin ; Jordanus fera en latin imprimer ses inventions [5]. — Item, ledict Jordanus lira ses sentences d'Aristote, qu'il fait imprimer, contenantes toute la physique [6].

[*2 février* [7].] Item, Jordanus m'a dit qu'il ne sçavoit rien de la ville bastie par le duc de Florence, où on parleroit latin [8], mais que il a

---

1. C'est le psaume LXXXVI, qui n'est pas, à vrai dire, un des plus longs.

2. Cf. p. 294, note 3.

3. Il s'agit ici très probablement du traité intitulé *Figuratio Aristotelici physici auditus*, publié à Paris, sans date [1586] (*Opera latine conscripta*, t. I, pars IV, p. 131-221; cf. Tocco, p. 102-107); cf. cependant plus loin, p. 298, note 6, et p. 300, note 1.

4. Le traité visé ici est celui que Giordano Bruno devait publier, en 1587, à Wittenberg, sous le titre *de Lampade combinatoria* (*Opera latine conscripta*, vol. II, pars II, p. 227; cf. Tocco, p. 8); Bruno avait déjà fait paraître, en 1582, son traité *de Compendiosa architectura et commento artis Lullii.*

5. Sur les ouvrages de Fabrizio Mordente, dont la vie a été écrite par Michelangelo Testa, voir Berti, p. 202-205, et surtout P. Riccardi, *Biblioteca matematica italiana*, parte I, vol. II, col. 183-184. — L'ouvrage de Giordano Bruno auquel il est fait ici allusion est celui qui a pour titre : *Dialogi duo de Fabricii Mordentis Salernitani prope divina adinventione ad perfectam cosmimetriae praxim;* cet ouvrage devait paraître l'année suivante, à Paris (*Opera latine conscripta*, vol. I, pars IV, p. 225-257; cf. Tocco, p. 119-121).

6. Soit la *Figuratio Aristotelici physici auditus* (cf. p. 298, note 3), soit le programme du débat philosophique dont il est question plus loin (cf. p. 300, note 1).

7. Cet article vient à la suite d'un autre qui porte la date du 4 février; mais un renvoi paraît le rattacher à ce qui vient d'être reproduit, sous la date du 2.

8. A la date du 6 janvier de cette même année, Guillaume Cotin avait

ouy dire que ledict duc vouloit bastir une *Civitas solis*, a sçavoir où le soleil luiroit tous les jours de l'an, comme sont plusieurs citez ainsy renommées, entre autres, Rome et Rhodes.

20 mars. Jehan Vincent m'a apporté les Épistres de Lipsius, Centurie I[1], et dit que Jordanus a fait amande à Genève, fléchissant le genoil en terre, pour avoir calomnié M^r de La Faye[2], docteur médecin à Padoue, lisant en philosophie à Genève, et fait imprimer une fueille de papier contenant 100 erreurs commis par La Faye en une leçon[3]; lors Jordanus a dit qu'il se fust rendu de leur religion[4], si on ne luy eust faict ce deshonneur. Ledict de La Faye est maintenant prédicant.

28 et 29 mai[5]. 28 et 29, qui furent les mercredy et jeudy de la sepmaine de Pentecoste, advint que Jordanus invita les lecteurs royaux et tous à l'ouïr dedans Cambray[6], desclamant contre plusieurs

---

noté qu'il tenait de Cocoly, l'un des religieux de Saint-Victor, que le duc de Florence, disait-on, bâtissait « une ville *Paradisus*, où on ne parlera que latin. »

1. *Epistolarum selectarum centuria prima.* Anvers, 1586, in-8°.

2. Antoine de La Faye, de Châteaudun, réfugié à Genève. C'est en 1574 que La Faye était allé en Italie prendre le grade de docteur en médecine. Cf. Haag, *la France protestante*, t. VI (1856), p. 185-186, et surtout Théophile Dufour, *Giordano Bruno à Genève* (1579), Genève, 1884, p. 12-13, reproduit dans Berti, p. 454-455.

3. Non pas 100 erreurs, mais 20, d'après les documents genevois publiés par M. Dufour, *Giordano Bruno à Genève*, p. 7; cf. Berti, p. 451.

4. Ce passage est particulièrement à noter, car il a trait à l'un des points les plus controversés de la vie de Bruno. Dans son procès de 1592 (Berti, p. 394), Bruno dira qu'il est parti de Genève parce qu'on lui avait déclaré qu'il n'y pouvait rester plus longtemps, à moins qu'il ne prît le parti d'embrasser la religion de cette ville. Plusieurs de ses biographes, MM. Dufour et Berti notamment, s'appuyant sur les documents de Genève, tiennent pour certain qu'il avait ouvertement adhéré au calvinisme (voir Berti, p. 96).

5. Le manuscrit portait primitivement : « 29 ou 30 may, ou 28 et 30, qui furent les jeudy, vendredy ou sabmedy de la sepmaine de Pentecoste... »

6. C'est-à-dire dans le Collège de Cambrai, dit aussi Collège « des Trois Évêques », où enseignaient les « lecteurs royaux » ou professeurs du Collège royal. Le Collège de Cambrai se trouvait sur l'emplacement de la façade ouest des bâtiments actuels du Collège de France et de la cour dite romaine de cet édifice; cf. A. Lefranc, *Hist. du Collège de France*, p. 240 et suiv., 253 et suiv., etc. — C'est à tort que Berti, p. 206-207, met en doute que la fameuse dispute philosophique ait eu lieu dans le Collège de Cambrai ; son erreur vient de ce qu'il considère les termes Université et Sorbonne comme synonymes.

erreurs d'Aristote [1]. A la fin de la leçon ou oraison, il bravoit, incitant aucun qui voulsist défendre Aristote ou impugner Brunus, et nul se présentant crioit encore plus hault, comme ayant la victoire gaignée. Lors se levà un jeune advocat, Rodolphus Calerius [2], qui par oraison continue défendit Aristote contre les calumnies de Brunus, ayant préfacé que les lecteurs [3] se taisoyent pour ce qu'ils estimoyent Brunus indigne de responce; finablement provoqua Brunus à lui respondre et se deffendre; lequel se teut et se partoit du lieu. Les escoliers tenoyent aux mains Brunus, disans qu'ils ne le laisseroyent aller, s'il ne respondoit ou s'il ne renonceoit aux calumnies par luy jectées contre Aristote. Touteffois, finablement, il eschappa de leurs mains, et ne sçay si à ceste condition, qu'il retourneroit le lendemain respondre à l'advocat. Lequel advocat ayant par affixes appellé les auditeurs le lendemain, monta en chaire et poursuivit de très bonne [4] grâce la défense d'Aristote et les impostures et vanité de Brunus, le provocant encore à y respondre. Mais Brunus n'y comparut pas, et dès lors n'est plus veu demeurant en ceste ville.

Jordanus [5] estoit en une petite chaire, près l'huis du jardin, et en la grande chaire estoit Jehan Hennequin [6], son disciple, soustenant

---

1. Giordano Bruno a imprimé ses thèses contre Aristote sous ce titre : *Centum et viginti articuli de natura et mundo adversus peripateticos, per Joh. Hennequinum, nobilem Parisiensem, Lutetiæ propositi sub clipeo et moderamine Jordani Bruni Nolani, infra octavam Pentecostes an. 1586.* Impressum Parisiis, ad authoris instant., 1586. C'est un opuscule de neuf feuillets, fort rare, dont un exemplaire a été retrouvé au British Museum (cf. Frith, p. 324-325; Jordani Bruni Nolani *Opera latine conscripta*, vol. II, pars II, p. 221-224). — Bruno reproduisit ces thèses dans le traité publié, en 1588, à Wittenberg, sous le titre de *Camoeracensis acrotismus, seu rationes articulorum physicorum adversus peripateticos Parisiis propositorum*, etc. (cf. *Opera latine conscripta*, vol. I, pars I, p. 53-190; Tocco, p. 107-118); on y trouve l'*Apologetica declamatio* de Jean Hennequin, un *Catalogus articulorum*, au nombre de 80, et la discussion de ces différents articles.

2. C'est ici que paraît être donné pour la première fois le nom du contradicteur de Giordano Bruno et de Jean Hennequin; le nom de Calerius [Callier] ne figure pas dans la liste des avocats de Paris, en 1599, imprimée par Claude Joly dans ses *Opuscules divers, tirés des Mémoires d'Ant. Loisel*, liste reproduite par Gaudry, *Hist. du barreau de Paris*, t. I (1865), p. 263-266. Les mots *Rodolphus Calerius* paraissent avoir été ajoutés après coup par Guillaume Cotin dans son texte, où un blanc aurait été ménagé à cet effet.

3. Les lecteurs royaux.

4. Mot de lecture douteuse.

5. Ce qui suit a été ajouté après coup dans son Journal par Guillaume Cotin, entre les dates du 1er et du 4 juin.

6. On n'est pas arrivé à démêler quel est ce Jean Hennequin (cf. Berti,

les thèses de Jordanus, dont Jordanus prétendoit estre comme juge.
Le disciple ne sçeut que respondre au premier argument de Calerius.
Lors Brunus fut solicité d'entreprendre donq la responce luy mesme,
ce qu'il ne voulut faire, disant que l'heure estoit passée, et le lendemain ne voulut comparoir, disant qu'on l'avoit bateu desjà hier. —
Item, nota que Calerius est françois, comme on pense, gascon,
jeune, qui a esté advocat pourmenant, mais ne l'est plus, s'estant
retiré avec Monsieur Du Perron, qui est orateur du Roy, et chroni-
queur.

---

p. 364-365, *Nota illustrativa V*, Giovanni Hennequin). Ce que l'on peut
dire, c'est qu'il appartenait très vraisemblablement à cette grande famille
parisienne des Hennequin, appelée « la grande maignée, » et dont plusieurs
membres paraissent avoir porté, dans la seconde moitié du xvie siècle, le
prénom de Jean. Cf. Bibl. nat., ms. fr. 31411, dossier Hennequin, fol. 117.

Extrait des *Mémoires de la Société de l'Histoire de Paris et de l'Ile-de-France,*
t. XXVII (1900).

Nogent-le-Rotrou, imprimerie DAUPELEY-GOUVERNEUR.

www.ingramcontent.com/pod-product-compliance
Lightning Source LLC
Chambersburg PA
CBHW061228090726
47597CB00015B/3757